Liebe Eltern und Lehrer,

mein Name ist Louise Hay. Ich habe mein Berufsleben der Aufgabe gewidmet, den Menschen beizubringen, dass sie sich durch ihr Denken ihr Leben selbst erschaffen. Meine Bücher haben vielen Menschen geholfen, ein neues Selbstwertgefühl zu entwickeln. Immer schon war ich der Ansicht, dass Kindern früh vermittelt werden sollte, welche Macht ihre Gedanken haben, weil ihre Reise durchs Leben dann glücklicher und erfüllter verlaufen wird.

Dieses Buch, das ich zusammen mit meiner Freundin Kristina Tracy geschrieben habe, zeigt Ihnen einen Weg auf, wie Sie Ihren Kindern beibringen können, was es mit Affirmationen auf sich hat. Affirmationen sind die Gedanken und Worte, die wir in unserem Alltag benutzen. Worte der Sorge, der Wut und der Angst sind negative Affirmationen. Optimistische Worte der Hoffnung, des Glücks und der Liebe sind positive Affirmationen.

In Ich bin, was ich denke! finden Sie Beispiele dafür, wie Kinder „negative" Gedanken in positive Worte und Taten umwandeln können. Das können Sie zu Hause mit Ihrem Kind praktisch üben. Ich bringe Kindern gerne die „Spiegel-Arbeit" bei. Dabei spricht man seine positiven Affirmationen vor einem Spiegel. Der Spiegel ist ein sehr wirksames Hilfsmittel, weil er uns mit den Worten verbindet, die wir sprechen. Eine wunderbare Affirmation für den Anfang ist: „Ich liebe mich." Sprechen Sie diese, oder jede andere positive Affirmation immer wieder und schauen Sie, wie Ihr Leben sich dadurch verändert!

In Liebe, LuLu

www.kinderaffirmation.de • www.denkenistlenken.de

Originaltitel: I Think, I am! • Copyright © 2008 by Louise L. Hay • Original English language publication in 2008 by Hay House Inc.
Design: Jenny Richards • Illustrationen: © Manuela Schwarz • Foto Louise und Kristina: © CharlesBush.com

2. Auflage • Deutsche Ausgabe © 2008-2011 Palaysia Verlag, Gronau, NRW • Übersetzung: Thomas Görden

ISBN: 978-3-9811752-6-4

Af·fir·ma·tion

Worte, die du denkst oder aussprichst
und für wahr hältst.

Wusstest du, dass die Dinge, die du denkst und sagst, die Macht haben, dein Leben zu verändern? Wenn du etwas immer wieder sagst, glaubst du schließlich, dass es wahr ist. Und was du glaubst bestimmt darüber, was du tust und was mit dir geschieht. Solche Gedanken und Worte nennt man Affirmationen. Es ist eine tolle Sache, wenn du unglückliche (negative) Gedanken in positive Affirmationen verwandelst. Das funktioniert so:

NEGATIVER GEDANKE

ändern zu:

POSITIVE AFFIRMATION

Keiner mag mich.

Ich mag mich, und andere Menschen mögen mich auch!

POSITIVE DINGE GESCHEHEN!

„Hi, wollen wir Freunde sein?"

Je besser du lernst, Gedanken positiv zu verändern, desto glücklicher wirst du sein. Auf den nächsten Seiten findest du noch mehr Beispiele dafür, wie Kinder negative Gedanken in positive Affirmationen verwandeln können.

Wenn du in einer Schlange warten musst, kann es gut sein, dass du negative Gedanken bekommst ...

Diese Schlange ist so lang! Wir werden niemals auf die Kirmeswiese kommen.

Stell dir das Gute vor, das geschehen kann, und sage ...

ICH MACHE DIESEN TAG zu EINEM GuTEN TAG!

Hast du dir schon einmal gewünscht,
anders auszusehen oder wie ein
anderes Kind auszusehen? Vielleicht
würdest du dann gerne sagen ...

Ich mag meine Haare nicht! Ich wünschte, ich hätte solche Haare wie sie!

Schaue stattdessen jeden Tag in den Spiegel und sage dir immer wieder ...

ICH LIEBE MICH SO, WIE ICH BIN.

Wenn deine Freunde dich drängen, das mitzumachen, was *sie* wollen, denkst du vielleicht . . .

Wenn ich nicht mitmache, sind sie bestimmt wütend auf Mich.

Tue das, was sich für dich richtig anfühlt, und sage dir ...

ICH STEHE ZU MIR UND ZU DEM, WAS MIR WICHTIG IST.

Wenn du keine Lust hast,
zuzuhören und aufzupassen,
glaubst du vielleicht . . .

Das hat Nichts Mit
MiR zu tun, also
Muss ich auch
Nicht zuhören.

Mache dir klar, dass du im Leben ständig dazulernen kannst, und denke ...

ICH LIEBE ES, IMMER WIEDER ETWAS NEUES ZU LERNEN.

Wenn du dich allein fühlst, können sich leicht unglückliche Gedanken einschleichen …

Vertreibe diese Gefühle, indem du dir sagst . . .

ICH BIN VON LIEBE UMGEBEN.

Wenn es leichter scheint, sich zurück-
zulehnen und nichts zu tun, statt zu
helfen, denkst du vielleicht . . .

Ich wünschte,
jemand würde ihm
helfen, auf dieses
Pony zu steigen!

Verändere deine Gedanken und sage ...

ICH HELFE GERN UND WO IMMER ICH KANN.

Auch wenn du vielleicht schon viele schöne Dinge hast, wünschst du dir manchmal trotzdem …

KANDIERTE ÄPFEL 2 €

So einen hätte ich gerne!

Achte auf das Gute in deinem Leben und sage dir jeden Tag …

ICH BIN DANKBAR FÜR DAS, WAS ICH HABE.

Bestimmt hast du schon einmal etwas getan, worüber du dich hinterher geärgert hast. Und dann hast du gedacht ...

Wie konnte ich bloß meine Jacke da oben vergessen? Immer vergesse ich alles!

Bleibe positiv und sage dir ...

ICH LERNE AUS MEINEN FEHLERN.

Wenn es darum geht, dich um die Welt zu kümmern, in der du lebst, denkst du möglicherweise ...

Denke stattdessen ...

ICH SORGE FÜR MEIN ZUHAUSE, DIE ERDE.

Wenn die Leute um dich herum immer nur jammern und sich beklagen, kann dich das ganz schön herunterziehen . . .

„Hier ist es mir zu voll."

„Mir ist's zu heiß."

Vielleicht haben sie ja Recht!

„Ich fühle mich gar nicht gut."

Lasse dir von anderen nicht deine gute Laune verderben. Sage ...

ICH ENTSCHEIDE MICH DAFÜR, POSITIV ZU SEIN!

Vielleicht glaubst du, du seiest nicht kreativ und andere Kinder hätten bessere Ideen als du ...

Ich kann mein Fahrrad einfach nicht dekorieren. Das wird bestimmt schrecklich aussehen!

Gib nicht auf! Sage dir . . .

ICH STECKE VOLLER KREATIVER IDEEN!

Wenn du Kinder siehst, die anders
aussehen als du oder sich anders
verhalten, sagst du dir vielleicht ...

Hoffentlich muss
ich nicht mit denen da
Riesenrad fahren!

Versuche, tiefer zu sehen als die äußeren Unterschiede. Sage ...

ICH SEHE DAS BESTE IN ALLEN MENSCHEN.

Tipps für gute Affirmationen

Du kannst eigene Affirmationen erfinden für alles, was du in deinem Leben verändern möchtest. Hier sind ein paar Tipps dafür . . .

1. Verwende in einer Affirmation immer positive Worte wie:
Ich kann, ich bin, ich habe.

2. Wiederhole deine Affirmation möglichst oft, immer wenn du an sie denkst.

3. Sprich deine Affirmation vor allem dann, wenn du viele unglückliche oder negative Gedanken hast.

4. Schau in den Spiegel und sage deine positiven Affirmationen dabei laut auf.

5. Schreibe deine Affirmationen in ein Notizbuch oder Tagebuch.

6. Bastle dir ein Schild mit deiner positiven Affirmation und hänge es an deinen Spiegel oder deine Pinnwand.

7. Schließe die Augen und stelle dir bildlich vor, was du dir wünschst – das ist eine Affirmation.

Wir hoffen, dass euch dieses Palaysia Buch gefallen hat, und möchten euch auf weitere Titel aus unserem Programm aufmerksam machen:

Byron Katie:
Tiger-Tiger ist es wahr?

Tiger-Tiger, ist es wahr? ist eine herzerwärmende Geschichte mit einer kraftvollen Botschaft, die bereits das Leben der ganz Kleinen verändern kann. Die weisen Worte von Byron Katie und die zauberhaften Illustrationen von Hans Wilhelm vereinen sich zu einem Buch, das schon bald zu den Klassikern der Kinderliteratur gehören wird.du findest Sicherheit und Frieden in dem Wissen, dass du nie alleine bist...

Doreen Virtue:
Danke, liebe Engel!

Endlich hat Engel-Autorin Doreen Virtue ein Kinderbuch geschrieben. Mit *Danke, liebe Engel!* lädt sie auch die Kleinen in die Welt dieser himmlischen Wesen ein.

Du lernst, wie und in welchen Situationen die Engel dir helfen können. Du erfährst, wie du sie um Hilfe bitten kannst, woran du erkennst, dass sie zu dir sprechen, und wie sie sich bemerkbar machen. Und du findest Sicherheit und Frieden in dem Wissen, dass du nie alleine bist...

Dr. Wayne W. Dyer:
Ich schwebe durchs Leben!

Dr. Wayne Dyer hat eine kolossal gute Nachricht für Kinder! In seinem Buch *Ich schwebe durchs Leben* zeigt er, wie sie an ihrem „Nolimit" festhalten können – dem grenzenlosen Denken, mit dem der Mensch seiner Ansicht nach geboren wird. Sie müssen nicht versuchen, sich anzupassen. Sie lernen, das Leben zu genießen, sich zu echten Gewinnern zu entwickeln und durchs Leben zu schweben – geradewegs zu ihren Träumen!

Deepak Chopra:
Sieben Wege zu einem glücklichen Leben

Was, wenn Sie Ihre Kinder 7 Lektionen lehren könnten, die ihnen helfen, ein glückliches und gelungenes Leben zu führen? Mit Deepak Chopras *Sieben Wege zu einem glücklichen Leben* können Sie genau das! Grundgedanke dieses Buches sind die zeitlosesten Gesetze des Universums überhaupt, dargestellt in einfachen Worten, die auch die Kleinsten verstehen. Wenn Kinder begreifen, wie die Welt aus spiritueller Sicht funktioniert, fällt es ihnen leichter, sich freudig, glücklich und von Liebe getragen durch dieses Leben hindurch zu manövrieren.

www.sunshineforthesoul.de

Wünschst du dir auch jeden Monat eine tolle neue Affirmation, mit der du arbeiten kannst? Dann melde dich jetzt an und du bekommst *kostenlos* die **Affirmation des Monats**!

www.denkenistlenken.de